www.ingramcontent.com/pod-product-compliance
Lightning Source LLC
Chambersburg PA
CBHW070358220526
45467CB00001B/429
* 9 7 8 1 7 1 7 4 3 2 1 4 8 *